Jean de La Fontaine

Fabeln

Übersetzt von Ernst Dohm

„Der Fuchs, der dem Raben hinterhältig schmeichelt und sich so den Käse verdient - Jean de La Fontaine ist auch 300 Jahre nach seinem Tod noch jedem französischen Schulkind ein Begriff. Seine Fabeln gehören heute zum festen Kernbestand der französischen Literatur." *Redaktion Gröls-Verlag* (Edition I Werke der Weltliteratur)

Redaktionelle Hinweise und Impressum

Das vorliegende Werk wurde zugunsten der Authentizität sehr zurückhaltend bearbeitet. So wurden etwa ursprüngliche Rechtschreibfehler regelmäßig *nicht* behoben, denn kleine Unvollkommenheiten machen das Buch – wie im Übrigen den Menschen – erst authentisch. Mitunter wurden jedoch zum Beispiel Absätze behutsam neu getrennt, um den Lesefluss zu erleichtern.

Wir sind bemüht, ein ansprechendes Produkt zu gestalten, welches angemessenen Ansprüchen an das Preis/Leistungsverhältnis und vernünftigen Qualitätserwartungen gerecht wird. Um die Texte zu rekonstruieren, werden antiquarische Bücher von leistungsfähigen Lesegeräten gescannt und dann durch eine Software lesbar gemacht. Der so entstandene Text wird von Menschen gegen eine Aufwandsentschädigung gegengelesen und korrigiert – Hierbei können gelegentlich Fehler auftreten. Wenn Sie ebenfalls antiquarische Texte einreichen möchten, wenden Sie sich für weitere Informationen gerne an

www.groels.de

Informieren Sie sich dort auch gerne über die anderen Werke aus unserer

Edition I Bedeutende Werke der Weltliteratur

Sie werden es mit 98,057 %iger Wahrscheinlichkeit nicht bereuen.

Die Deutsche Nationalbibliothek verzeichnet dieses Werk in der Deutschen Nationalbibliografie.

Verleger: Marcel Hermann-Josef Gröls, Poelchaukamp 20, 22301 Hamburg.
Externer Dienstleister für Distribution und Herstellung: BoD, In de Tarpen 42, 22848 Norderstedt

Inhaltsverzeichnis

Die Diebe und der Esel 6
Der Wolf und der Hund 7
Der Mensch und sein Ebenbild 10
Das Schwein, die Ziege und der Hammel 12
Der Fuchs und der Storch 14
Der Tod und der Holzfäller 16
Der Fuchs und der Storch 18
Die Katze und die Ratte 19
Der Rabe und der Fuchs 23
Der Löwe und die Maus 25
Der Frosch, der so groß werden wollte wie der Stier 25
Die Henne und die Perle 27
Der Rat der Ratten 28
Der vielköpfige und der vielschwänzige Drache 33
Der Kater und die alte Ratte 35
Die Schwalbe und die kleinen Vögel 39
Der Rabe und der Fuchs 43
Der Hase und die Frösche 44
Das Kind und der Schulmeister 45
Der Hase mit den Hörnern 47
Die Stadtmaus und die Landmaus 50
Die Taube und die Ameise 52
Der Mann zwischen zwei Lebensaltern und zwei Geliebten 54
Der Wolf und das Lamm 56
Der Fuchs und der Ziegenbock 58
Der Quersack 60
Die Hornissen und die Bienen 62
Die beiden Esel 64
Die Eiche und das Schilfrohr 65
Der Fuchs und der Wolf am Brunnen 67
Das Kalb, die Ziege und das Schaf als Genossen des Löwen 70
Das Hähnchen, die Katze und das Mäuschen 72
Der Wolf und das Lamm 75
Der Tod und der Unglückliche 77
Der Fuchs und der Hahn 78

Die Grille und die Ameise 81
Wie Simonides von den Göttern beschützt wurde 83

Die Diebe und der Esel

Zwei Diebe prügelten um einen Esel sich,
den sie geraubt; behalten wollte ihn der eine, verkaufen
gleich der andre. Jämmerlich
zerbläut das edle Paar sich drum in blut'gem Raufen.
Ein dritter Spitzbub kommt zum Ort –
und führt den Meister Langohr fort.

Manch armes Land ist wohl dem Esel zu vergleichen,
und mancher Fürst aus fernen Reichen,
wie aus Sibirien, Ungarn oder der Türkei,
den Dieben. Statt der zwei sind's manchmal drei –
nur allzu häufig ist die Sorte heute!
Doch von dem Kleeblatt fällt oft keinem zu die Beute:
Ein vierter Räuber kommt daher und – schnapp,
jagt er den Esel ihnen ab.

Der Wolf und der Hund

Ein Wolf, der nur noch Knochen war und Haut –
denn wachsam waren stets die Schäferhunde – ,
traf eine Dogge, stark und wohlgebaut,
glänzenden Fells und feist, die jagte in der Runde.
"Ha", dachte Meister Isegrim, "nicht schlecht,
zum Frühstück wäre die mir recht!"
Doch stand bevor ein Kampf, ein heißer,
und unser Hofhund hatte Beißer,
gemacht zu harter Gegenwehr.

Drum kommt der Wolf ganz freundlich her
und spricht ihn an, so ganz von ungefähr,
bewundernd seines Leibes Fülle.
"Dir, lieber Herr, wär's Euer Wille",
erwiderte der Hund, "ging' es so gut wie mir!
Verlaßt das wilde Waldrevier.
Eure Vettern hier sind ohne Zweifel
nur dürft'ge Schlucker, arme Teufel.

Sie lungern da umher, verhungert, nackt und bloß!
Hier füttert keiner Euch, Ihr lebt nur – mit Verlaub –
vom schlechtesten Geschäft, dem Raub.
Drum folgt mir, und Euch winkt – ein besser Los."
"Was", sprach der Wolf, "hab' ich dafür zu leisten?"
"Fast nichts!" entgegnete der Hund. "Man überläßt die Jagd
den Menschen, denen sie behagt,
schmeichelt den Dienern, doch dem Herrn am meisten.

Dafür erhält man dann die nicht verspeisten
Essensreste stets zum Lohn, oft Bissen leckrer Art,
Hühner- und Taubenknöchlein zart,
von andern Köstlichkeiten ganz zu schweigen!"
Schon träumt der Wolf gerührt von künft'gem Glück, und
Tränen fast dem Aug' entsteigen;
da plötzlich sieht er, daß am Halse kahl der Hund.
"Was ist das?" fragt er. – "Nichts!" "Wie? Nichts?"
"Hat nichts zu sagen!"
"Wirklich?" – "Das Halsband drückte hier mich wund,
woran die Kette hängt, die wir mitunter tragen."
"Die Kette?" fragt der Wolf. "Bist du nicht frei?"

"Nicht immer; doch was ist daran gelegen?"

"So viel, daß ich dein Glück, all deine Schwelgerei

verachte! Bötst du meinetwegen

mir einen Schatz – um diesen Preis, sieh, ich verschmäht' ihn doch!"

Sprach's, lief zum Wald zurück – und läuft dort heute noch.

Der Mensch und sein Ebenbild

Es war einmal ein Mann, der, in sich selbst verliebt,
sich für den Schönsten hielt in aller Welt.
Den Spiegel schalt er, daß er nur entstellt
sein wundervolles Antlitz wiedergibt.
Ihn zu heilen, sorgt ein günstiges Geschick,
daß stets, wohin auch geht sein Blick,
er in der Damen stumm-geheimen Rat muß schauen:
Spiegel in Stub' und Saal, Spiegel, ob nah, ob fern,
Spiegel in Taschen feiner Herrn,
Spiegel im Gürtel schöner Frauen.

Was tut unser Narziß? Er tut sich selbst in Bann,
verbirgt am stillsten Ort sich, den er finden kann,
wohin kein Spiegel wirft sein trügerisches Bild.
Doch durch der Einsamkeit verlassenstes Gefild
rieselt ein klarer Silberbach.

Er schaut sich selbst darin, und zürnend ruft er: "Ach,
auch dieser schöne Ort wird mir verleidet!"
Er gibt sich alle Müh', woanders hinzugehen;

allein der Bach ist gar so schön,
daß er nur ungern von ihm scheidet.

Was die Moral der Fabel sei?
Ich sag' es allen: Sichselbstbetrügen,
von diesem Übel ist kein Sterblicher ganz frei.
Dein Herz, es ist ein Narr, geneigt, sich zu belügen;
im Spiegel, den als falsch zu schelten wir geneigt,
sehen wir Torheit nur, die wir an uns vermissen.
Der Bach, der unser Bild uns zeigt,
man kennt ihn wohl und nennt ihn – das Gewissen.

Das Schwein, die Ziege und der Hammel

Eine Ziege, ein Hammel und ein fettgemästetes Schwein wurden gemeinsam auf einem Karren zum Markt gefahren.

Die Ziege reckte ihren Hals und schaute neugierig in die Landschaft. Der Hammel hing seinen Gedanken nach. Nur das Schwein war aufsässig und fand gar keine Freude an diesem Ausflug.

Es schrie so entsetzlich, daß es sogar dem gutmütigen Hammel zuviel wurde. "Warum machst du denn so einen Lärm? Man kann dabei ja keinen vernünftigen Gedanken fassen."

Auch die Ziege schimpfte mit dem Schwein und meckerte: "Hör endlich auf mit dem albernen Gezeter und benimm dich anständig. Schau dir die herrlichen, saftigen Wiesen an und sei dankbar dafür, daß du gefahren wirst und nicht zu Fuß gehen mußt."

"Törichte Ziege, dummer Hammel", schneuzte das Schwein, "ihr haltet euch wohl für sehr klug und gebildet, daß ihr mir Vorschriften machen wollt. Glaubt ihr denn, daß der Bauer uns allein zu unserem Vergnügen herumkutschiert? Hättet ihr nur ein Fünkchen Verstand, dann wüßtet ihr, auf welchem Weg wir uns befinden.

Bestimmt denkt die leichtsinnige Ziege, man will auf dem Markt nur ihre Milch verkaufen. Du, törichter Hammel, glaubst vielleicht, daß man es einzig auf deine Wolle abgesehen hat. Ich aber für meinen Teil weiß es ganz genau, daß man mich mit dem vielen guten Essen ausschließlich zu dem Zweck vollgestopft hat, weil man mich töten und verspeisen will. Darum laßt mich um Hilfe schreien, solange ich es noch kann!"

"Wenn du schon so verständig bist", rief die Ziege zornig, weil das Schwein sie beunruhigt und ihr die schöne Fahrt verdorben hatte, "dann höre auch auf zu jammern! Du weißt, dein Unheil steht fest, was hilft also noch das Weinen und Klagen, wenn du doch nichts mehr ändern kannst?"

Der Fuchs und der Storch

Gevatter Fuchs hat einst in Kosten sich gestürzt
und den Gevatter Storch zum Mittagstisch gebeten.
Nicht üppig war das Mahl, nicht reich gewürzt;
statt Austern und Lampreten
gab's klare Brühe nur – er führt' ein sparsam Haus.
In flacher Schüssel ward die Brühe aufgetragen;
indes Langschnabel Storch kein Bißchen in den Magen
bekam, schleckt Reineke, der Schelm, das Ganze aus.

Da hat der Storch ihm nicht vergessen.
Er lädt ihn bald darauf zu sich zum Mittagessen.
"Gern", spricht Herr Reineke, "denn unter Freunden ist
Umständlichkeit nicht angemessen."
Er läuft geschwind zur angegebnen Frist
zu seines Gastfreunds hohem Neste,
lobt dessen Höflichkeit aufs beste,
findet das Mahl auch schon bereit,
hat Hunger – diesen hat ein Fuchs zu jeder Zeit –,

und schnüffelnd atmet er des Bratens Wohlgerüche,
des leckern, die so süß ihm duften aus der Küche.

Man trägt den Braten auf, doch – welche Pein! –
in Krügen eingepreßt, langhalsigen und engen.
Leicht durch die Mündung geht des Storches Schnabel ein,
umsonst dagegen sucht der Fuchs die Schnauze durchzuzwängen.
Hungrig geht er nach Haus und mit gesenktem Haupt,
beschämt den Schwanz ganz eingezogen.

Ihr Schelme, merkt euch das und glaubt:
Wer andere betrügt, wird selbst betrogen.

Der Tod und der Holzfäller

Ein armer Arbeitsmann, mit Reisig schwer belastet,
von seines Bündels und der Jahre Last gedrückt,
geht schwanken Schritts einher, tief seufzend und gebückt.
Sein Hüttlein hätt' er gern erreicht, bevor er rastet.
Jetzt kann er nicht mehr fort, und mit umflortem Blick
legt er die Bürde weg und überdenkt sein Mißgeschick.
Was bot an Freuden ihm bisher sein ganzes Leben?
Kann's einen Ärmeren wohl als ihn auf Erden geben?

Oft keinen Bissen Brot und niemals Ruh noch Rast,
Weib, Kind, der Steuern und der Einquartierung Last,
Frondienst und Gläubiger ohne Erbarmen –
des Jammers Bild zeigt alles dies dem Armen.
Er ruft den Tod herbei; er ist auch gleich zur Stell'
und fragt, womit er dienen sollte.
"Ach, bitte", der Holzfäller spricht, "hilf mir doch schnell
dies Holz aufladen! Das ist alles, was ich wollte!"
Tod heilt alle Erdennot.
Doch das Leben ist nicht minder

schön, und: Besser Not als Tod,

denken wir Menschenkinder.

Der Fuchs und der Storch

Eines Tages hatte der Fuchs den Storch zum Mittagessen eingeladen. Es gab nur eine Suppe, die der Fuchs seinem Gast auf einem Teller vorsetzte. Von dem flachen Teller aber konnte der Storch mit seinem langen Schnabel nichts aufnehmen. Der listige Fuchs indessen schlappte alles in einem Augenblick weg.

Der Storch sann auf Rache. Nach einiger Zeit lud er seinerseits den Fuchs zum Essen ein. Der immer hungrige Fuchs sagte freudig zu. Gierig stellte er sich zur abgemachten Stunde ein. Lieblich stieg ihm der Duft des Bratens in die Nase. Der Storch hatte das Fleisch aber in kleine Stücke geschnitten und brachte es auf den Tisch in einem Gefäß mit langem Halse und enger Öffnung. Er selbst konnte mit seinem Schnabel leicht hineinlangen. Aber die Schnauze des Fuchses paßte nicht hinein. Er mußte hungrig wieder abziehen. Beschämt, mit eingezogenem Schwanz und hängenden Ohren schlich er nach Hause.

Wer betrügt, muß sich auf Strafe gefaßt machen.

Die Katze und die Ratte

Eine Ratte lebte unter einer hohen, mächtigen Fichte, deren Astwerk bis auf den Boden hinunter wucherte. Ganz in der Nähe hausten eine Eule, ein Wiesel und eine Katze und machten der Ratte das Leben sauer.

Obgleich die Ratte von soviel Feinden umgeben war, konnte sie sich nicht entschließen, ihre Wohnung zu verlassen; denn die alte Fichte ernährte sie ausreichend mit ihrem Samen, der im Frühjahr auf den Boden prasselte. Auch warf der Sturm oft reife Zapfen zu ihr herab, die sich noch nicht geöffnet hatten, und die emsige Ratte schleppte diese dann hochbeglückt in ihr Nest und sammelte so reichlich Vorrat für das ganze Jahr.

Eines Morgens hörte die Ratte ein herzzerreißendes Miauen. Sie lächelte schadenfroh: "Einem meiner Plagegeister scheint es an den Kragen zu gehen." Das Miauen wurde immer jämmerlicher, und die Ratte blinzelte neugierig aus ihrem Loch. Aber sie konnte nichts sehen.

Vorsichtig tapste sie in die Richtung, aus der das Klagen kam. Da entdeckte sie die Katze, die sie schon so oft in Angst und

Schrecken versetzt hatte. Sie war in eine Falle geraten. "Das geschieht dir recht!" rief die Ratte ihrer Feindin zu.

Die Katze aber schlug ihre sanftesten Schmeicheltöne an und schnurrten "Liebe Freundin, deine Güte und Liebenswürdigkeit ist überall bekannt. Ich habe dich vor allen anderen Tieren dieser Gegend verehrt und geliebt. Jetzt, da ich dich sehe, muß ich sagen, es reut mich keinen Augenblick, daß ich dich stets behütet und beschützt habe. Nun kannst du mir dafür deinen Dank erweisen und mir aus diesem teuflischen Netz heraushelfen. Irgendein Taugenichts muß hier gestern dieses Netz ausgelegt haben."

"Ich dich retten?" fragte die Ratte belustigt, die keineswegs von den süßlichen Worten ihrer Todfeindin beeindruckt war. "Was bietest du mir denn zur Belohnung an?"

"Meine ewige Treue und unbedingte Hilfe gegen alle deine Feinde", antwortete die Katze. Die Ratte entgegnete: "Gegen alle anderen Feinde, das mag wohl sein, aber wer schützt mich vor dir?" – "Ich schwöre es dir bei meinen scharfen Krallen", beteuerte die Katze.

Die Ratte wollte spottend in ihr Loch zurückkehren, da versperrte ihr das kurzschwänzige Wiesel den Weg und funkelte sie wild an. Gleich darauf rauschte fast lautlos der Waldkauz herbei. In ihrer Bedrängnis überlegte die Ratte keinen Moment, sondern flitzte zur Katze und zerbiß eilig das Netz.

Das Wiesel lief herausfordernd auf die Katze zu, um ihr die Beute abzujagen. Flugs sprang die Ratte hinter ihre neuverbündete Freundin. Doch sofort streckte der Waldkauz seine Krallen nach der Ratte aus.

Da drang ein wütendes Bellen zu den Streitenden herüber. Wiesel, Waldkauz, Katze und Ratte flohen in verschiedene Richtungen. Ein Jäger war mit seinen Hunden unterwegs, um die Fallen, die er aufgestellt hatte, zu kontrollieren.

Einige Tage später lugte die Ratte aus ihrem Loch, um zu erkunden, ob der Weg frei sei, da spritzte die Katze auf sie zu. Schnell fuhr die Ratte zurück.

"Warum fliehst du vor mir, liebe Freundin, als wäre ich dein Feind?" fragte die Katze scheinheilig. "Ich verdanke dir doch mein Leben und bin dein bester Freund. Komm, laß dich zum Dank für deine Hilfe küssen."

"Ich pfeif' auf deinen Dank, du falsche Heuchlerin. Glaubst du, ich wüßte nicht, daß ich nur dem Hund mein Leben verdanke, der euch alle in die Flucht schlug? Du kannst deine Natur nicht verleugnen, auch nicht mit einem noch so heiligen Freundschaftseid, zu dem dich allein die Not gezwungen hat. Du bist und bleibst eine mörderische Katze." Und mit diesen Worten zog sich die Ratte tief in ihr Loch zurück.

Der Rabe und der Fuchs

Im Schnabel einen Käse haltend, hockt
auf einem Baumast Meister Rabe.
Von dieses Käses Duft herbeigelockt,
spricht Meister Fuchs, der schlaue Knabe:
"Ah, Herr von Rabe, guten Tag!
Ihr seid so nett und von so feinem Schlag!
Entspricht dem glänzenden Gefieder
auch noch der Wohlklang Eurer Lieder,
dann seid der Phönix Ihr in diesem Waldrevier."

Dem Raben hüpft das Herz vor Lust. Der Stimme Zier
möcht' er nun lassen schallen;
er tut den Schnabel auf – und läßt den Käse fallen.
Der Fuchs nimmt ihn und spricht:
"Mein Freundchen, denkt an mich!
Ein jeder Schmeichler mästet sich
vom Fette dessen, der ihn gerne hört.
Die Lehre sei dir einen Käse wert!"

Der Rabe, scham- und reuevoll,

schwört, etwas spät, daß ihm so was nie mehr passieren soll.

Der Löwe und die Maus

Gerade zwischen den Tatzen eines Löwen kam eine leichtsinnige Maus aus der Erde. Der König der Tiere aber zeigte sich wahrhaft königlich und schenkte ihr das Leben.

Diese Güte wurde später von der Maus belohnt – so unwahrscheinlich es zunächst klingt. Eines Tages fing sich der Löwe in einem Netz, das als Falle aufgestellt war. Er brüllte schrecklich in seinem Zorn – aber das Netz hielt ihn fest.

Da kam die Maus herbeigelaufen und zernagte einige Maschen, so daß sich das ganze Netz auseinanderzog und der Löwe frei davongehen konnte.

Der Frosch, der so groß werden wollte wie der Stier

Ein Frosch sah einstmals einen Stier,
und war sehr angetan von der Gestalt.
Kaum größer als ein Ei, war doch voll Neid das Tier;
es reckt sich mächtig hoch und bläht sich mit Gewalt,
weil es so gern so groß wie dieser wär'.

Drauf spricht es: "Bruder, sieh doch her,
ist es genug? Bin ich so groß wie du?" – "O nein!"
"Jetzt aber?" – "Nein!" – "Doch nun? Sag's mir!"
"Wie du dich auch ermattest,
du wirst mir niemals gleich!" Das arme kleine Tier
bläht sich und bläht sich – bis es platzt.

Wie viele gibt's, die nur nach eitler Größe dürsten!
Der Bürger tät' es gern dem hohen Adel gleich;
das kleinste Fürstentum spielt Königreich,
und jeder Graf gibt sich als Fürsten.

Die Henne und die Perle

Eine Henne fand an einem Ort
eine Perle und trug sie sofort
zu dem Juwelier hinüber:
"Sie hat sicher hohen Preis –
doch das kleinste Körnchen Mais
wäre mit bei weitem lieber."

Eine Handschrift inhaltsreich
erbt' ein Dummkopf, bracht' sogleich
sie zum Antiquar hinüber:
"Wertvoll soll sie sein" sagt er,
"Doch ein runder Taler wär'
mir bei weitem lieber."

Der Rat der Ratten

Die Mäuse in der Stadt liebten die Scheune des Bäckermeisters Semmelreich sehr, denn dort fanden sie Kömer, Mehl und Zucker in Hülle und Fülle. Auch war die Backstube nicht weit von der Scheune entfernt, und die fleißigen Mäuschen hatten sich so manchen Zugang zu diesem verlockenden Raum genagt.

Der Bäckermeister Semmelreich hingegen liebte seine kleinen, freßfröhlichen Gäste gar nicht so sehr, denn er konnte die vielen angenagten Brote und Kuchen nicht mehr verkaufen. Um seine anhänglichen Plagegeister loszuwerden, schaffte er sich zwei Katzen an, welche den ungebetenen Eindringlingen ein elendes Leben bereiteten. Mit wahrer Leidenschaft jagten sie die kleinen Diebe. Viele von ihnen fanden den Tod, und die meisten, die sich retten konnten, verließen schleunigst Semmelreichs Brotparadies.

Einige Mäuse aber wollten das unerschöpfliche Körner- und Kuchenreich nicht kampflos aufgeben. Sie versteckten sich gut und ersannen immer wieder neue Tricks, um an die Nahrung heranzukommen.

Einmal hatten freche Buben die beiden Katzen eingefangen, und die Mäuse konnten sich wieder frei bewegen. Sie erkannten die günstige Gelegenheit und nutzten die Zeit. Eine Versammlung wurde veranstaltet, auf der über die beiden grimmigen Jäger beraten werden sollte.

Das älteste Mäuschen stellte sich auf seine Hinterbeine und sprach in ernstem Ton: "Die beiden Katzen vermauern uns unser sonst so süßes Leben. Laßt uns gründlich überlegen, wie wir uns von ihnen befreien oder wenigstens die Gefahr vermindern können."

Alle Mäuse dachten angestrengt nach und zergrübelten sich ihr Mäusehirn. Sie machten vielerlei Vorschläge und verwarfen sie dann nach reiflicher Prüfung doch wieder. Lange hockten sie so beisammen.

Da sprang ein junger Mäuserich auf und trompetete mit seinem Piepsstimmchen: "Ich hab's, ich weiß, wie wir mit diesen gemeinen Leisetretern fertig werden."

Gespannt schauten alle auf. "Es ist ganz einfach! Denkt an den Hund des Bäckermeisters, der ein Halsband mit Schellen trägt.

Wir binden den beiden Katzen eine Glocke um den Hals, dann können sie uns nicht mehr überraschen, und wir hören immer, wann sie nahen und können uns rechtzeitig in Sicherheit bringen."

Brausender Beifall brach los, und mit stürmischer Begeisterung wurde der Vorschlag angenommen. Sofort wurden zwei mutige Mäuschen in den Keller geschickt, denn man hatte dort einmal eine Schachtel entdeckt, in der der Bäckermeister Semmelreich ein altes Halsband von seinem Hund aufbewahrte. Von diesem sollten die beiden wackeren Mäuse zwei Glöckchen abnagen und herbeibringen. Ein dritter tapferer Mäuserich bot freiwillig an, aus der Backstube zwei Bänder zu besorgen.

Während die drei Helden unterwegs waren, feierten die anderen Mäuse den klugen Mäuseknirps. Sie konnten ihn nicht genug loben, und bald waren sich alle darin einig, daß es nie zuvor einen so weisen Mäuserich gegeben hatte, und daß man ihn mit hohen Ehren auszeichnen müßte.

Gerade hatte man beschlossen, ihm den großen Brezel-Orden zu verleihen, da hörte man ein Gebimmel, und die beiden

Mäuse zerrten die Glocken herbei. Gleich darauf kam auch die dritte Maus zurück und zog einen langen Strick hinter sich her. "Der genügt für beide", meinte sie und zerbiß ihn in der Mitte.

Der Mäuseälteste hatte die ganze Zeit über geschwiegen und düster vor sich hingestarrt. Er hatte in seinem Leben schon so viele böse Erfahrungen gemacht, daß er ein mißtrauischer, verschlossener Tropf geworden war.

"Klug ist unser kleiner Held", raunzte er, "das ist nicht zu bezweifeln. Er ist der weiseste von uns allen und wird uns bestimmt jetzt noch verraten, wie er diese Warnsignale den beiden großen Jägern um den Hals bindet."

"Wieso ich?" prustete der kleine Wicht aufgebracht. "Ich hatte bereits eine Idee. jetzt seid ihr an der Reihe. Strengt euch auch einmal an."

Da erhob sich ein wildes Gezeter, und alle schrien durcheinander: "Ich habe ein Glöckchen besorgt!" – "Ich auch!" – "Ich habe den Strick gemopst." – "Ich bin doch nicht lebensmüde!" – "Ich auch nicht." – "Das ist zu gefährlich!" – "Viel zu gefährlich!"

Der kleine Prahlhans zog sich aber verlegen in seinen Schlupfwinkel zurück.

"Paßt auf, die Katzen!" rief auf einmal einer, und die Versammlung stob auseinander. "Leeres Gerede", brummte der Mäuseälteste und zog ein Mäusekind am Schwanz in sein Nest, das in der Aufregung sein Loch nicht finden konnte und einer Katze fast in die Fänge gelaufen wäre, "was nützen die klügsten Worte, wenn man sie nicht in die Tat umsetzen kann."

Der vielköpfige und der vielschwänzige Drache

Es pries einst vor der Höflinge Schar
Frankreichs Gesandter, der in Wien beglaubigt war,
die eigene Macht vor der des Deutschen Reiches.
Ein Deutscher sprach: "Trotz des Vergleiches
wisset: Unsers Kaisers Banner trug
schon mancher Mann, selbst stark genug,
auf eigne Faust ein Heer zum Kampf zu rüsten."
Drauf Frankreichs Pascha, fein und klug,
erwidert': "Als ob wir nicht wüßten,
was jeder Kurfürst an Soldaten stellen kann!

Das mahnt mich unwillkürlich an
etwas, das ich erlebt, mag's wunderbar auch klingen.
Ich stand an sichrem Ort, da sah durch einen Hag
die hundert Häupter ich der Hydra plötzlich dringen.
Mein Blut erstarrt' – so etwas mag
zur Furcht den Tapfersten wohl bringen!
Doch mir geschah kein Leid: So sehr sie sich auch wanden,
die vielen Köpfe keinen Weg her fanden.

Dann seh' ein zweites Tier, ein vielgeschweiftes, ich,
das bohrt sein Drachenhaupt, sein einz'ges, durch die Hecken..
Zum zweiten Male fühlt' ich mich
von Angst erfaßt und starrem Schrecken.
Haupt, Leib und jeder Schwanz – eins brach dem andern Bahn,
so ward die Fortbewegung leicht dem Tier, dem ungeheuren.
Seht, ganz so scheint's mir angetan
mit unserm Reich und mit dem Euren."

Der Kater und die alte Ratte

Ein Mäusevölkchen hatte sich in einer Mühle angesiedelt und führte ein vergnügtes Leben. Gleich neben der Mühle hinter dem Wasserrad hausten ein paar Ratten, die hin und wieder in der Mühle auftauchten, um einige Kömer zu stibitzen.

Eines Tages mietete sich ungebeten ein wilder Kater bei dcm grauen Trippelvölkchen ein und wütete so mörderisch unter diesem, daß sich bald keine einzige Maus und Ratte mehr aus ihrem Loch heraustraute.

Da griff der böse Jäger zu einer List. Er band sich ein Seil um seine eine Hinterpfote und krallte sich mit dieser an einem Sack, der an der Wand hing, fest. So baumelte er mit dem Kopf nach unten und stellte sich tot.

Alle Mäuse glaubten, daß der Müller den Bösewicht beim Stehlen von Käse und Fleisch ertappt und zur Strafe aufgehängt hatte. Erfreut schossen sie aus ihren kleinen Verstecken hervor und fielen ausgehungert über das frische Kom her.

Auf einmal löste der Kater seine Krallen aus dem Sack und stürzte sich auf die ahnungslosen kleinen Fresser. Nur wenige von ihnen konnten sich rechtzeitig in ihre Schlupflöcher retten. "Auch euch erwische ich noch!" zischte er grimmig.

Die Mäuse und Ratten, die den hinterhältigen Überfall überlebt hatten, waren vorsichtiger geworden, und der Kater lauerte vergeblich auf seine Beute.

Eines Abends war der fürchterliche Räuber verschwunden. Er tauchte auch am folgenden Tag nicht wieder auf. Dafür lag am Morgen darauf mitten in der Mühle ein dicker Mehlsack. Das Mehl war herausgerieselt, und ein hoher weißer Haufen breitete sich vor dem Sack aus.

Die Mäuse und Ratten schoben zaghaft ihre Nasen aus den Gängen hervor, schnupperten neugierig und zogen sich dann wieder ängstlich zurück. Doch schließlich waren sie davon überzeugt, daß der schreckliche Kater endlich ihr Reich wieder verlassen hatte. Sie wurden mutiger und trippelten vorsichtig auf den großen weißen Haufen zu.

Eine alte, erfahrene Ratte warnte sie: "Geht nicht dorthin. Seit wann streut der Müller euch freiwillig sein Mehl vor die Nase? Hinter diesem Mehlhügel steckt gewiß irgendeine List."

Die anderen aber entgegneten ihr: "Niemand hat den Kater seit zwei Nächten mehr gesehen. Bestimmt hat er den hoffnungslosen Kampf mit uns aufgegeben und ist ausgewandert. Wir sind ihm zu klug geworden." Und sie tanzten auf dem Mehlhaufen herum.

Im selben Augenblick bewegte sich der weiße Berg, und der Kater sprang mit einem Ruck auf Das Mehl sprühte nur so aus seinem Fell.

Er war, um seine Opfer zu täuschen, fortgegangen, hatte sich dann am Morgen heimlich im Bach gewaschen und war lautlos in die Mühle zurückgeschlichen. Dort hatte er einen Mehlsack umgerissen und sich gründlich im Mehl gewälzt.

Die alte, schlaue Ratte, die dem Frieden nicht trauen wollte, war als einzige diesem tückischen Anschlag entkommen. Sie rief dem Kater zu: "Selbst wenn ich wüßte, daß du tot bist, würde ich mich nicht in deine Nähe wagen."

Die Schwalbe und die kleinen Vögel

Die Schwalbe hatt' auf ihren großen Reisen
gar viel gelernt, und wer viel hat gesehen,
wird manches besser auch verstehen.
Unwetter sah sie vor den andren;
gewarnt von ihr konnten Matrosen
sich retten vor des Sturmes Tosen.

Da nun die Jahreszeit kam, wo der Hanf gesät wird,
sah einen Landmann sie, der ihn in Furchen streut'.
"Ihr Vöglein", sprach sie, "seid gescheit!
Ihr dauert mich; ich geh', bevor's zu spät wird,
weit fort und berg' mich, wo ich sicher bin.
Doch ihr – seht ihr die Hand dort hin und her ihn schwingen?
Glaubt mir: 's ist nicht mehr lange hin,
dann wird, was jetzt sie streut, Verderben bringen.
Da wird zu eurem Fang manch Netz gar meisterlich
gelegt und mancher Dohnenstrich;
man stellt euch nach, man legt euch Schlingen.
Dann kommt die Zeit der schweren Not,

wo euch Gefängnis oder Tod,
der Käfig oder Bratspieß droht.
Drum rat' ich euch, jetzt wegzufressen
den Samen, Folgt mir und seid klug!"
Die Vöglein höhnten sie vermessen,
sie hatten Futters ja genug!
Man sah das Hanffeld grün sich färben.

Da sprach die Schwalbe: "Schnell! Reißt Halm für Halm jetzt ab
das Gras, das jener Same gab;
sonst bringt es sicher euch Verderben."
"Unglücksprophet!" schrien sie. "Schwatzhafter Phrasenheld!
Ein schöner Rat, um uns zu retten,
da tausend Mann wir nötig hätten,
jetzt kahl zu mähen dieses Feld!"
Als nun der Hanf nach oben schoß,
da rief die Schwalb': "O Weh!" und schüttelte das Haupt.
"Das böse Kraut! Wie schnell es sproß!
Doch ihr, die ihr bisher noch niemals mir geglaubt,
merkt euch jetzt dies: Seht ihr die Fluren

voll Stoppeln, hat der Mensch sein Feld
fertig für dieses Jahr bestellt;
und folgt als Feind er euren Spuren,
stellt Fallen er und Netze fein
den armen kleinen Vögelein,
dann hütet euch umherzufliegen!
Dann bleibt zu Haus, vielmehr verlaßt dann diesen Ort
wie Kranich, Schnepf' und Storch auf ihren Wanderzügen.
Ach, leider könnt ihr ja nicht fort,
nicht über Land und Meer, wie wir, zum Flug euch rüsten
nach fremden Ländern, fernen Küsten!
Drum, glaubt mir, gibt's für euch nur eine Rettung noch,
euch still zu bergen in ein sichres Mauerloch."
Die Vöglein, statt der weisen Kunde
zu lauschen, fingen an zu schwatzen: "Oh!" und: "Ach!"
wie der Trojaner Volk, als mit Prophetenmunde
Kassandra einst zu ihnen sprach.
Wie jenen dort ging's jetzt den Kleinen:
Manch Vöglein seufzte, das in Not geriet.

Wir glauben immer nur an unser eignes Meinen
und sehn den Schaden erst, wenn er uns selbst geschieht.

Der Rabe und der Fuchs

Ein Rabe saß auf einem Baum und hielt im Schnabel einen Käse; den wollte er verzehren. Da kam ein Fuchs daher, der vom Geruch des Käses angelockt war.

"Ah, guten Tag, Herr von Rabe!" rief der Fuchs. "Wie wunderbar Sie aussehen! Wenn Ihr Gesang ebenso schön ist wie Ihr Gefieder, dann sind Sie der Schönste von allen hier im Walde!"

Das schmeichelte dem Raben, und das Herz schlug ihm vor Freude höher. Um nun auch seine schöne Stimme zu zeigen, machte er den Schnabel weit auf – da fiel der Käse hinunter.

Der Fuchs schnappte ihn auf und sagte:

"Mein guter Mann, nun haben Sie es selbst erfahren: ein Schmeichler lebt auf Kosten dessen, der ihn anhört – diese Lehre ist mit einem Käse wohl nicht zu teuer bezahlt."

Der Rabe, bestürzt und beschämt, schwur sich zu, daß man ihn so nicht wieder anführen sollte – aber es war ein bißchen zu spät.

Der Hase und die Frösche

Ein Hase saß in seinem Lager und grübelte.

"Wer furchtsam ist", dachte er, "ist eigentlich unglücklich dran! Nichts kann er in Frieden genießen, niemals hat er ein ungestörtes Vergnügen, immer gibt es neue Aufregung für ihn. Ich schlafe vor Angst schon mit offenen Augen. Das muß anders werden, sagt mir der Verstand. Aber wie?" So überlegte er. Dabei war er aber immerwährend auf der Hut, denn er war nun einmal mißtrauisch und ängstlich. Ein Geräusch, ein Schatten, ein Nichts – alles erschreckte ihn schon. Plötzlich hörte er ein leichtes Säuseln. Sofort sprang er auf und rannte davon. Er hetzte bis an das Ufer eines Teiches. Da sprangen die aufgescheuchten Frösche alle ins Wasser. "Oh", sagte der Hase, "sie fürchten sich vor mir! Da gibt es also Tiere, die vor mir, dem Hasen, zittern! Was bin ich für ein Held!"

Da kann einer noch so feige sein, er findet immer einen, der ein noch größerer Feigling ist.

Das Kind und der Schulmeister

Die Fabel hier und ihre Spitze zielt
auf jene Narren, die stets Reden halten.

Ein Knäblein, das am Seine-Ufer spielt',
fiel in den Fluß. Des Himmels gnädig Walten
fügt', daß ein alter Weidenbaum, der hart
am Ufer stand, des Kindes Rettung ward.
Indes das Kind den Weidenzweig mit Bangen
erfaßt,, kommt just ein Schulmeister gegangen.
Das Kind schreit: "Hilfe! Ich muß untergehn!"
Auf sein Geschrei bleibt der Magister stehn,
und mit dem Pathos eines Advokaten
schilt er den Kleinen: "Seht den Fratzen doch,
wohin durch seine Dummheit er geraten.
Um solchen Schelm soll man sich kümmern noch?
Die armen Eltern, deren Pflicht im Leben,
auf solch Gesindel immer achtzugeben!
Sie haben wahrlich einen schweren Stand!"
Nach diesen Worten erst zog er das Kind ans Land.

Viel' gibt's der Art, wenn auch mit andrem Namen.
Der Schwätzer, Sittenrichter und Pedant
erkennt wohl sein Bild in diesem Rahmen –
unzählbar sind sie wie des Meeres Sand,
gesegnet hat der Schöpfer ihren Samen.
Die Sorte denkt doch stets zuletzt daran,
der Rede Künste zu entfalten.
Erst rette, Freund, mich aus der Not, und dann,
dann magst du deine Rede halten!

Der Hase mit den Hörnern

Ein Häschen tummelte sich ausgelassen an einem wunderschönen Sommermorgen auf einem freien Plätzchen, das von dichtem Buschwerk umgeben war. Hier fühlte es sich sicher. Vergnügt hopste es über ein paar Heidebüschel, sauste übermütig im Kreis umher und wälzte sich mit Wohlbehagen im sonnengewärmten Sand. Es zersprang fast vor Lebenslust und wußte vor Glück nicht wohin mit seinen Kräften.

Aber plötzlich duckte es sich blitzartig in einer kleinen Erdmulde nieder. Ein Hirsch setzte über die Büsche hinweg, und gleich darauf folgte ein Widder. Danach trampelte auch noch ein schwerer Stier respektlos quer durch das sonnige Morgenreich des kleinen Häschens.

"Unverschämte Bande", kreischte das Häschen, "mir meinen schönen Morgen so zu verderben!" Kaum hatte es sich wieder aufgerappelt, sprang eine Ziege über die Sträucher. "Halt", schrie das Häschen, "was soll das bedeuten, wo läuft ihr denn alle hin?"

Die Ziege, die immer zu einem Streich aufgelegt war, schaute lange und ernst auf die Ohren des Häschens, dann meckerte sie munter: "Hast du denn noch nicht von dem neuen Gesetz des Königs gehört? Ein kühner Bruder von mir stieß zufällig den Löwen mit seinen prächtig geschwungenen Hörnern in die Seite. Doch der König verstand keinen Spaß und befahl, daß alle Tiere, die Hörner tragen, sein Land verlassen müßten. Wer heute abend noch hier verweilt, wird mit dem Tod bestraft. Ich muß mich beeilen. Lebe wohl, Meister Langohr."

"Sonderbar", dachte das Häschen, welches nicht so schlau war wie sein Großvater, "der Löwe treibt seine Beute aus dem Land? Höchst sonderbar."

Auf einmal fuhr das Häschen zusammen. jetzt wußte es, warum die Ziege es so seltsam angegafft hatte. Natürlich, das war es. Im Sand erblickte das Häschen die Schatten seiner Ohren. Sie erschienen ihm riesengroß, und es befürchtete, daß der König seine Ohren für Hörner halten könnte.

"Was mach' ich nur, was mach' ich nur?" wiederholte der Hasenfuß und zitterte wie Gras im Wind. "Hier bin ich geboren, hier bin ich aufgewachsen, hier kenne ich jeden Grashalm. Ich mag nicht auswandern. Ach, wären meine Ohren so klein wie die einer Maus."

Eine Grille hatte die Worte der Ziege vernommen, und als sie nun das dumme Häschen so jammern hörte, lachte sie. "Du dummer Angsthase, die Ziege hat dir nur Hörner aufsetzen wollen. Was du wirklich an deinem Kopf hast, sind ganz gewöhnliche Ohren."

"Hier aber hält man sie für Hörner", gab das Häschen traurig zur Antwort. "Was hilft es mir, daß ich, du und der liebe Gott wissen, daß es Ohren sind, wenn es der Löwe nicht glaubt." Und ängstlich lief das Häschen in ein anderes Land.

Die Stadtmaus und die Landmaus

Die Stadtmaus lud zum Feste
die Landmaus höflich ein,
denn Ortolanenreste
hatt' sie, so gut und fein.

Auf türkisch fein gewebtem
Teppich stand das Mahl bereit,
und die beiden lebten
lustig und in Herrlichkeit.

Man genoß in vollen Zügen,
köstlich mundete der Schmaus.
Plötzlich, mitten im Vergnügen,
wurden sie gestört – o Graus!

Klang es nicht, als ob was krachte?
Wie die Stadtmaus da in Hast
gleich sich aus dem Staube machte!
Schleunigst folgte ihr der Gast.

Blinder Lärm nur war's. Es wandern
beide wieder in den Saal,
und die Stadtmaus spricht zur andern:
"Setzen wir jetzt fort das Mahl!"

"Danke sehr!" spricht jene. "Morgen
komm zu mir aufs Land hinaus.
Kann dir freilich nicht besorgen
dort so königlichen Schmaus.

Einfach nur, doch unbeneidet,
meiner Sicherheit bewußt,
speis' ich und verzicht' auf Lust,
die durch Furcht mir wird verleidet!"

Die Taube und die Ameise

An einem heißen Sommertag flog eine durstige Taube an einen kleinen, rieselnden Bach. Sie girrte vor Verlangen, neigte ihren Kopf und tauchte den Schnabel in das klare Wasser. Hastig saugte sie den kühlen Trunk.

Doch plötzlich hielt sie inne. Sie sah, wie eine Ameise heftig mit ihren winzigen Beinchen strampelte und sich verzweifelt bemühte, wieder an Land zu paddeln.

Die Taube überlegte nicht lange, knickte einen dicken, langen Grasstengel ab und warf ihn der Ameise zu. Flink kletterte diese auf den Halm und krabbelte über die Rettungsbrücke an Land.

Die Taube brummelte zufrieden, schlurfte noch ein wenig Wasser und sonnte sich danach auf einem dicken, dürren Ast, den der Blitz von einem mächtigen Baum abgespalten hatte und der nahe am Bach lag.

Ein junger Bursch patschte barfüßig durch die Wiesen zum Wasser. Er trug einen selbstgeschnitzten Pfeil und Bogen. Als er die Taube erblickte, blitzten seine Augen auf. "Gebratene Tauben sind meine Lieblingsspeise", lachte er und spannte siegesgewiß seinen Bogen.

Erbost über dieses unerhörte Vorhaben gegen ihren gefiederten Wohltäter kroch die Ameise behende auf seinen Fuß und zwickte ihn voller Zorn.

Der Taugenichts zuckte zusammen und schlug mit seiner Hand kräftig nach dem kleinen Quälgeist. Das klatschende Geräusch schreckte die Taube aus ihren sonnigen Träumen auf, und eilig flog sie davon.

Aus Freude, daß sie ihrem Retter danken konnte, biß die Ameise noch einmal kräftig zu und kroch dann wohlgelaunt in einen Maulwurfshügel.

Der Mann zwischen zwei Lebensaltern und zwei Geliebten

Einer in dem unbequemen
Alter, wo vom Lebensherbst,
dunkles Haupt, du grau dich färbst,
dachte dran, ein Weib zu nehmen.
Sein Geldsack war sehr schwer
und daher
auch manche Frau bemüht, ihm zu gefallen.
Doch eben darum eilt' es unserm Freund nicht sehr;
gut wählen ist das Wichtigste von allem.
Zwei Witwen freuten sich am meisten seiner Gunst,
'ne Junge und 'ne mehr Betagte,
doch die verbesserte durch Kunst,
was ihr der Zahn der Zeit benagte.
Es schwatzt und lacht das Witwenpaar,
ist stets bemüht, ihn zu ergötzen;
sie kämmen manchmal ihn sogar,
um ihm den Kopf zurechtzusetzen.
Die Ältere raubt dann stets ihm etwas dunkles Haar,

so viel davon noch übrig war –
denn gleicher dünkt sie sich dadurch dem alten Schatze.
Die Junge zieht mit Fleiß ihm aus das weiße Haar;
und beide treiben's so, daß unser Graukopf ein Glatze
beinah bekam – da wird ihm erst sein Standpunkt klar:
"Habt Dank!" spricht er. "Ich dank' euch sehr,
daß ihr mich habt so gut geschoren.
Gewonnen habe ich dabei, und nicht verloren,
denn an die Heirat denke ich nicht mehr.
Welche von euch ich nähm – entweder gäb' es Zank
oder es ginge alles stets nach ihrem Kopf.

Den Kahlkopf nimmt man nicht beim Schopf!
Für diese Lehre nehmt, ihr Schönen, meinen Dank."

Der Wolf und das Lamm

Des Stärkren Recht ist stets das beste Recht gewesen –
ihr sollt's in dieser Fabel lesen.

Ein Lamm löscht' einst an Baches Rand
den Durst in dessen klarer Welle.
Ein Wolf, ganz nüchtern noch, kommt an die Stelle,
sein gier'ger Sinn nach guter Beute stand.
"Wie kannst du meinen Trank zu trüben dich erfrechen?"
begann der Wüterich zu sprechen.
"Die Unverschämtheit sollst du büßen, und sogleich!"
"Eu'r Hoheit brauchte", sagt' vor Schrecken bleich,
das Lamm, "darum sich nicht so aufzuregen!
Wollt doch nur gütigst überlegen,
daß an dem Platz, den ich erwählt,
von Euch gezählt,
ich zwanzig Schritt stromabwärts stehe;
daß folglich Euren Trank – seht's Euch nur an –
ich ganz unmöglich trüben kann."
"Du trübst ihn dennoch!" sprach er. "Wie ich sehe,

bist du's auch, der auf mich geschimpft voriges Jahr!"
"Wie? Ich geschimpft, da ich noch nicht geboren war?
Die Mutter säugt mich noch, fragt nach im Stalle."
"Dein Bruder war's in diesem Falle!".
"Ich habe keinen!" – "Dann war's dein Vetter! Und
ihr hetzt mich und verfolgt mich alle,
ihr, euer Hirt und euer Hund.
Ja, rächen muß ich mich, wie alle sagen!"
Er packt das Lamm, zum Walde schleppt er's drauf,
und ohne nach dem Recht zu fragen,
frißt er das arme Lämmlein auf.

Der Fuchs und der Ziegenbock

Meister Reineke ging an einem heißen Sommertag mit seinem Freund, dem Ziegenbock, spazieren. Sie kamen an einem Brunnen vorbei, der nicht sehr tief war. Der muntere Bock kletterte sofort auf den Brunnenrand, blickte neugierig hinunter und sprang, ohne zu zögern, in das kühle Naß.

Der Fuchs hörte ihn herumplatschen und genüßlich schlurfen. Da er selber sehr durstig war, folgte er dem Ziegenbock und trank sich satt. Dann sagte er zu seinem Freund: "Der Trunk war erquickend, ich fühle mich wie neugeboren. Doch nun rate mir, wie kommen wir aus diesem feuchten Gefängnis wieder heraus?"

"Dir wird schon etwas einfallen", blökte der Bock zuversichtlich und rieb seine Hörner an der Brunnenwand. Das brachte den Fuchs auf eine Idee. "Stell dich auf deine Hinterbeine, und stemme deine Vorderhufe fest gegen die Mauer", forderte er den Ziegenbock auf, "ich werde versuchen, über deinen Rücken hinaufzugelangen."

"Du bist wirklich schlau", staunte der ahnungslose Bock, "das wäre mir niemals eingefallen." Er kletterte mit seinen Vorderfüßen die Brunnenwand empor, streckte seinen Körper, so gut er konnte, und erreichte so fast den Rand des Brunnens.

"Kopf runter!" rief der Fuchs ihm zu, und schwupps war er auch schon über den Rücken des Ziegenbocks ins Freie gelangt. "Bravo, Rotschwanz!" lobte der Bock seinen Freund, "du bist nicht nur gescheit, sondern auch verteufelt geschickt."

Doch plötzlich stutzte der Ziegenbock. "Und wie ziehst du mich nun heraus?"

Der Fuchs kicherte. "Hättest du nur halb soviel Verstand wie Haare in deinem Bart, du wärest nicht in den Brunnen gesprungen, ohne vorher zu bedenken, wie du wieder herauskommst. Jetzt hast du sicher Zeit genug dazu. Lebe wohl! Ich kann dir leider keine Gesellschaft leisten, denn auf mich warten wichtige Geschäfte."

Der Quersack

Einst sprach der Vater Zeus: "An meines Thrones Stufen
erscheine, was da lebt; und wer über Gestalt
und Wesen zur Beschwerde sich berechtigt und berufen
meint, der rede ohne Hinterhalt!
Wo's geht, bin ich zu helfen willig.
Du, Affe, sprich zuerst: Sieh dir, wie recht und billig,
die Tiere alle an, vergleich' ihr Angesicht
und ihre Formen mit den deinen.
Bist du zufrieden?" – "Ich, warum denn nicht?

Ich hab' vier Füße doch wie jene, sollt' ich meinen!
Und mit Vergnügen stets hab' ich mein Bild beschaut.
Allein mein Bruder Bär ist gar zu plump gebaut,
und keinem Maler sollt' er je zu sitzen wagen!"
Der Bär tritt vor – man glaubt, er wolle sich beklagen.
Doch weit gefehlt! Man staunt, wie seinen Wuchs er rühmt.
Jedoch der Elefant – so schmäht er unverblümt –
hab' das am Ohr zu viel, was ihm am Schwanze fehlte;
unförmig, klobig er ihn schilt.

Der Elefant, der klug sonst gilt,
erschien an diesem Tag als Tor und schmälte,
daß für sein Maul, das nicht gering,
der Walfisch sich zu dick erwiese!

Die Milbe schien der Ameise ein winzig Ding,
dagegen sei sie selbst ein Riese!
Zeus schickt' sie alle heim, die so gelind
sich selber kritisiert. Wir Menschen aber sind
der Toren törichste, da wir im Leben –
luchsäugig für die anderen, für eigne Fehler blind –
uns selber alles, doch dem Nächsten nichts vergeben.
Nie gleichen Blicks hat man auf sich und andre acht.
Als Lumpenvolk schuf uns des Schöpfers Macht,
so war es früher und so ist es heute.
Quer auf die Schulter legt' er uns den Sack,
daß man darein die eignen Schwächen pack',
und vorne hat man den für fremde Leute.

Die Hornissen und die Bienen

Am Werke kann den Meister man erkennen.
Ein paar Honigwaben waren herrenlos; Hornissen
hatten sie an sich gerissen,
doch auch die Bienen wollten sie ihr eigen nennen.
Vor eine Wespe kam der Streit, die sollt' ihn schlichten;
allein es ward ihr schwer, nach Fug und Recht zu richten.

Die Zeugen sagten, daß sie um die Wabe her
geflügeltes Getier, das braun und länglich wär'
und summte, oft bemerkt. Das sprach wohl für die Bienen;
jedoch was half's, da die Kennzeichen ungefähr
auch den Hornissen günstig schienen?
Die Wespe wußte nun erst recht nicht hin und her,
und sie beschloß – die Sache wirklich aufzuklären –,
der Ameisen Meinung anzuhören.
Umsonst! Denn alles blieb, wie's war.
"Auf diese Art wird's nimmer klar!"
sprach eine Biene, eine weise.
"Sechs Monde schleppt sich schon der Streit im alten Gleise,
und wir sind weiter um kein Haar.
Will sich der Richter nicht beeilen,

verdirbt der Honig mittlerweilen.
Am Ende frißt der Bär ihn gar!
Erproben wir jetzt drum ohn' Advokatenpfiffe
und ohne Krimskrams der Juristenkniffe
nur durch die Arbeit unsre Kraft!
Dann wird sich's zeigen, wer von uns den süßen Saft
in schöne Zellen weiß zu legen."
Durch der Hornissen Weig'rung war
gar bald ihr Unrecht sonnenklar.
Der Bienen Schar gewann den Streit von Rechtes wegen.

O würde jeder Streit doch nur auf diese Art
entschieden und, wie man im Morgenlande richtet,
nach dem Buchstaben nicht, nein, nach Vernunft geschlichtet!
Was würd' an Kosten dann gespart,
statt daß mit endlosen Prozessen
man jetzt uns zur Verzweiflung treibt!
Wozu? Die Auster wird vom Richter aufgegessen,
während uns die Schale bleibt.

Die beiden Esel

Zwei Esel gehen des Wegs; nur Hafer schleppte der,
doch jener trug viel Geld zum Amt der Steuern,
und stolz sich brüstend mit der goldnen Last, der teuern,
gäb' er um keinen Preis die blanke Bürde her.
Er trabt gewicht'gen Schritts einher,
hell läßt er tönen sein Geläute.
Da plötzlich naht des Feindes Heer,
und da nach Gold nur ihr Begehr,
wirft auf das Steuerlasttier sich die ganze Meute
und reißt sich um die gute Beute. Der Stolze leistet Gegenwehr,
doch schwer verwundet sinkt er hin und seufzt im Sterben:
"Das also ist mein Lohn? O trügerische Pracht!
Der schlechten Hafer trug, entrinnt jetzt dem Verderben,
und ich, ich sink' in Todes Nacht!"
Da spricht zu ihm sein Freund, der gute:
"Nicht immer ist ein hohes Amt ein Glück, das glaube mir!
Wärst du, wie ich, ein armes Müllertier,
lägst du nicht hier in deinem Blute."

Die Eiche und das Schilfrohr

Die Eiche sprach zum Schilf: "Du hast,
so scheint mir, guten Grund, mit der Natur zu grollen:
Zaunkönige sind dir schon eine schwere Last;
der Windhauch, der in leisem Schmollen
kräuselt des Baches Stirn unmerklich fast,
zwingt dich, den Kopf zu neigen,
indes mein Scheitel trotz der Sonne Glut
wie hoher Alpenfirn und auch des Sturmes Wut
es nicht vermag, mein stolzes Haupt zu beugen.
Was dir schon rauher Nord, scheint linder Zephir mir.

Ja, ständst du wenigstens, gedeckt von meinem Laube,
in meiner Nachbarschaft! O glaube,
meinen Schutz gewährt' ich gerne dir;
du würdest nicht den Sturm zum Raube.
So aber steht am feuchten Saum
des Reichs der Winde du in preisgegebnem Raum.
An dir hat die Natur sehr ungerecht gehandelt!"
"Das Mitleid", sagt das Rohr, "das dich anwandelt,

von gutem Herzen zeugt's, doch sorge nicht um mich!
ich beug' mich, doch ich breche nicht. Zwar hieltst du dich
und standst, wie furchtbar sie auch schnoben,
fest, ungebeugt bis heut an deinem Ort.

Doch warten wir!" Kaum sprach das Rohr dies Wort,
da, sieh, am Horizont in schwarzer Wolke zeigt sich
und rast heran, ein Sturmessausen;
des Nordens schlimmsten Wind hört man da brausen.
Fest steht der Baum, das Schilfrohr aber neigt sich,
Der Sturm verdoppelt seine Wut
und tobt, bis er den fällt,
des stolzes Haupt dem Himmel sich gesellt
und dessen Fuß ganz nah dem Reich der Toten ruht.

Der Fuchs und der Wolf am Brunnen

Es war eine klare Vollmondnacht. Ein Fuchs strolchte durchs Dorf und kam zu einem Ziehbrunnen. Als er hinunterblickte, traute er seinen Augen nicht; da lag ein großer, runder goldgelber Käse. Er kniff die Augen zu und öffnete sie wieder. Nein, es war kein Traum.

Der Fuchs besann sich nicht lange, sprang in den Eimer, der über dem Brunnenrand schwebte, und abwärts ging die Fahrt. Ein zweiter Eimer schaukelte aus der Tiefe empor, an ihm vorbei.

Unten angekommen, wollte der hungrige Fuchs sich sofort auf den fetten Käse stürzen. Aber was war denn das? Seine Nase stieß in eiskaltes Wasser, der Käse verformte sich und verschwand.

Verblüfft starrte der Fuchs ins Dunkel, und langsam kehrte der Käse unversehrt zurück. jetzt begriff er seinen Irrtum. Wie konnte er nur so schwachköpfig handeln! Nun saß er in der Patsche.

Er schaute zum Brunnen hinauf. Niemand war da, der ihn aus dem Schlamassel befreien konnte. Nur der Vollmond lächelte ihm hell und freundlich zu.

Viele Stunden saß der Fuchs in dem kühlen, feuchten Eimer gefangen und schlotterte vor Kälte und Hunger. Da kam ein Wolf an dem Brunnen vorbei. Der Fuchs dachte: "Warum sollte dieser Nimmersatt klüger sein als ich?" Und mit fröhlicher Stimme rief er ihm zu: "Schau, mein Freund, welch herrlichen Käseschmaus ich gefunden habe. Wenn du mein Versteck nicht verrätst, so darfst du zu mir herunterkommen und dir auch ein gutes Stück von meinem Käse abbrechen. Den Eimer dort oben habe ich für dich bereitgehalten, mit ihm kannst du zu mir herunterfahren."

Der Wolf, der nie über Mangel an Hunger klagen konnte, leckte sich die Lippen, und seine Augen traten hervor; der Käse, den der Fuchs entdeckt hatte, sah wirklich appetitlich aus. Ohne zu überlegen kletterte er in den Eimer, und da er viel schwerer als der Fuchs war, sauste er hinab in die Tiefe und zog den Eimer mit dem Fuchs hinauf.

Der Fuchs rettete sich sofort auf sicheren Boden und lachte sich eins ins Fäustchen. "Wohl bekomm's!" rief er spöttisch und eilte davon.

Das Kalb, die Ziege und das Schaf als Genossen des Löwen

Kalb, Zieg' und Schaf im Bund mit einem stolzen Leun
die gründeten in grauer Vorzeit Tagen
genossenschaftlich 'nen Konsumverein
und wollten den Gewinn und den Verlust zu gleichen Teilen tragen.

Auf dem Revier der Ziege fing ein Hirsch sich ein.
Zu den Genossen schickt das brave Tier in Eile.
Sie kommen, und der Leu, indem er um sich blickt,
spricht: "Wir sind vier, drum geht die Beute in vier Teile."

Zerlegend drauf den Hirsch nach Jägerart geschickt,
nimmt er das erste Stück für sich, und mit Behagen
spricht er: "Das kommt mir zu, weil ich, euch zum Gewinn,
als Leu der Tiere König bin; dagegen ist wohl nichts zu sagen!
Rechtmäßig fällt mir ferner zu das zweite Stück;
das Recht des Stärkeren heißt's in der Politik.
Als Tapfersten wird mir das dritte wohl gebühren!

Und sollte einer wagen, das vierte zu berühren,

so töt' ich ihn im Augenblick."

Das Hähnchen, die Katze und das Mäuschen

Ein junger Mäuserich hatte zum ersten Mal das Nest verlassen und war auf Wanderschaft gegangen. Ganz aufgeregt kehrte er zu seiner Familie zurück und sprudelte über von Neuigkeiten.

"Ich habe viele Berge übersprungen, ein großes Meer durchschwommen und einen langen Tunnel unter einer riesigen Mauer gegraben. Da stand ich auf einmal mitten in herrlich duftenden Kräutern. Als ich sie kosten wollte, störte mich ein seltsames Schnurren. Neugierig pirschte ich mich näher und linste vorsichtig hinter einem dicken Stein hervor.

Da sah ich ein großes, hübsches Tier, das mit sanften Sprüngen einem kleinen Tierchen in der Luft nachjagte. Das große Tier hatte ein ganz weiches Fell und einen schönen, langen Schwanz und so freundlich leuchtende Augen, daß es mir sehr gefiel. ›Ein großer Freund ist immer gut‹, sagte ich mir und wollte mit dem hübschen Tier Freundschaft schließen.

Gerade wollte ich meinen neuen Freund begrüßen, da brauste ein anderes, gräßliches Tier herbei. Es hatte seine flattrigen Arme weit ausgebreitet und schlug mit ihnen kraftvoll auf und ab. Auf seinem Kopf wackelte ein blutroter Lappen grimmig hin und her. Sein Schwanz war viel zu kurz für den dicken Körper und sehr struppig. Das Schrecklichste an diesem häßlichen Tier war die Stimme.

Denkt euch, in welcher Gefahr ich geschwebt habe. Mit grellen Schreien lief dieses furchtbare, zweibeinige Wesen plötzlich auf mich zu und wollte mich töten. Ich mußte sofort fliehen.

Schade, daß ich das hübsche, sanfte Tier nicht näher kennengelernt habe."

"Du dummes Kind", rief die Mausemutter entsetzt aus, "dein hübsches, sanftes Tier war eine Katze, unser ärgster Feind. Sie verfolgt uns, wo sie uns nur findet, und tötet uns auf grausame Art. Das Tier aber, vor dem du dich gefürchtet hast, war ein Hahn, der uns nichts tut. Er hat dir dieses Mal das Leben gerettet.

Du darfst niemals danach urteilen, wie jemand aussieht. Oft verbirgt sich hinter einem sanften, schönen Gesicht ein boshafter Heuchler, der nur dein Verderben will."

Der Wolf und das Lamm

Der Starke hat immer recht. Das werden wir sogleich sehen.

Ein Lamm löschte seinen Durst in einem klaren Bache. Dabei wurde es von einem hungrigen Wolf überrascht.

"Wie kannst du es wagen", rief er wütend, "mir meinen Trank zu trüben? Für diese Frechheit mußt du bestraft werden!"

"Ach, mein Herr", antwortete das Lamm, "seien Sie bitte nicht böse. Ich trinke ja zwanzig Schritte unterhalb von Ihnen. Daher kann ich Ihnen das Wasser gar nicht trüben."

"Du tust es aber doch!" sagte der grausame Wolf. "Und außerdem weiß ich, daß du im vergangenen Jahre schlecht von mir geredet hast."

"Wie soll ich das wohl getan haben", erwiderte das Lamm, "ich war da ja noch gar nicht geboren."

"Wenn du es nicht tatest, dann tat es dein Bruder!"

"Ich habe aber keinen Bruder."

"Dann war es eben irgendein anderer aus deiner Familie. Ihr habt es überhaupt immer auf mich abgesehen, ihr, eure Hirten und eure Hunde. Dafür muß ich mich rächen."

Mit diesen Worten packte der Wolf das Lamm, schleppte es in den Wald und fraß es einfach auf.

Der Tod und der Unglückliche

Stets rief in seiner Not ein armer Mann
den Tod als Retter an.
"Tod", rief er aus, "Wie so schön erscheinst du mir Elenden!
Komm, eilig komm herbei, mein grausam Los zu enden!"
Der Tod vernimmt's und ist dienstfertig gleich am Ort,
klopft an die Tür, tritt ein, und kaum läßt er sich schauen –
"Was seh' ich?" ruft der Mann. "Bringt dieses Scheusal fort!
Wie gräßlich ist er! Angst und Grauen
macht mir sein Anblick! Höre mich,
komm näher nicht, o Tod! O Tod, entferne dich!"

Maecenas war ein wahrhaft edler Mann.
Er sagte einst: "Es könnt' mich Schwäche plagen,
Verkrüppelung und Gicht – wenn ich nur leben kann,
will ich zufrieden sein und mich nicht mehr beklagen."
"O Tod, verschone mich!" hört man sie alle sagen.

Der Fuchs und der Hahn

Ein Hahn saß auf einem hohen Gartenzaun und kündete mit lautem Krähen den neuen Tag an. Ein Fuchs schlich um den Zaun herum und blickte verlangend zu dem fetten Hahn empor.

"Einen schönen guten Morgen", grüßte der Fuchs freundlich, "welch ein herrlicher Tag ist heute!"

Der Hahn erschrak, als er seinen Todfeind erblickte, und klammerte sich ängstlich fest.

"Brüderchen, warum bist du böse mit mir? Laß uns doch endlich Frieden schließen und unseren Streit begraben." Der Hahn schwieg noch immer. "Weißt du denn nicht", säuselte der Fuchs mit sanfter Stimme, "daß der König der Tiere den Frieden ausgerufen hat? Er hat mich als seinen Boten ins Land geschickt. Komm schnell zu mir herunter, wir wollen unsere Versöhnung mit einem Bruderkuß besiegeln. Aber beeile dich, ich habe noch vielen anderen diese freudige Nachricht zu bringen."

Der Hahn schluckte seine Furcht hinunter und sagte sich: "Diesem verlogenen Gauner komme ich nur mit seinen eigenen

Waffen bei." Und mit gespielter Freude rief er: "Mein lieber Freund, ich bin tief gerührt, daß auch du des Königs Friedensbotschaft verbreitest. Ja, laß uns Frieden schließen. Es trifft sich gut, denn gerade sehe ich zwei andere Boten auf uns zueilen. Wir wollen auf sie warten und gemeinsam das glückliche Fest feiern. Du kennst sie recht gut, es sind die Wachhunde des Gutsherrn."

Kaum hatte der Fuchs diese Kunde vernommen, war er aufgesprungen und eiligst davongerannt.

"He, warte doch!" krähte der Hahn hinter ihm her. "Ich habe noch sehr viel zu tun", keuchte der Fuchs aus der Ferne, "ich hole mir den Friedenskuß ein andermal von dir. Du kannst dich darauf verlassen." Der Hahn freute sich, daß ihm die List gelungen war.

Der Fuchs aber war verärgert. Er hatte alles so klug eingefädelt, und just in diesem Augenblick mußten seine ärgsten Feinde auftauchen und alles verderben.

Aber, wo blieben sie denn?

Der Fuchs verlangsamte seine Schritte und blickte sich um. Niemand folgte ihm, auch hatte er kein Bellen gehört. Sollte dieser alte Hahn ihn reingelegt haben? Ausgerechnet so ein aufgeplusterter, dummer Hahn?

Die Grille und die Ameise

Die Grille, die den Sommer lang
zirpt' und sang,
litt, da nun der Winter droht',
harte Zeit und bittre Not:
Nicht das kleinste Würmchen nur,
und von Fliegen eine Spur!

Und vor Hunger weinend leise,
schlich sie zur Nachbarin Ameise,
und fleht' sie an in ihrer Not,
ihr zu leihn ein Stückchen Brot,
bis der Sommer wiederkehre.
"Hör'", sagt sie, "auf Grillenehre,
vor der Ernte noch bezahl'
Zins ich dir und Kapital."
Die Ameise, die wie manche lieben
Leut' ihr Geld nicht gern verleiht,
fragt' die Borgerin: "Zur Sommerzeit,
sag doch, was hast du da getrieben?"

"Tag und Nacht hab' ich ergötzt
durch mein Singen alle Leut'."
"Durch dein Singen? Sehr erfreut!
Weißt du was? Dann tanze jetzt!"

Wie Simonides von den Göttern beschützt wurde

Drei Dinge gibt's, die nie man hoch genug kann preisen:
Gott, die Geliebte und den Herrn.
Malherbe sagt's einmal, und ich bekenn' mich gern
zu diesem Ausspruch unsres Weisen.
Wohl kitzelt feines Lob und nimmt die Herzen ein,
oft ist der Schönen Gunst der Preis für Schmeichelein.

Hört, welch ein Preis dafür von Göttern zu gewinnen.
Simonides fiel's einstmals ein,
eines Athleten Lob im Lied zu singen. Beim Beginnen
fand er zu trocken gleich, zu arm den Gegenstand:
des Ringers Sippe war fast gänzlich unbekannt,
ein dunkler Ehrenmann sein Vater – kurz, ein schlichter
und dürft'ger Stoff für einen Dichter.
Anfangs sprach der Poet von einem Helden zwar
und lobte, was an ihm nur irgend war zu loben;
bald aber schweift' er ab, und zu dem Zwillingspaar
Kastor und Pollux hat er schwungvoll sich erhoben.
Er preist die beiden als der Ringer Ruhm und Hort,

zählt ihre Kämpfe auf, bezeichnet jeden Ort,
wo jemals sie gestrahlt im Glanze hellsten Lichtes.
Der beiden Lob – mit einem Wort,
zwei Drittel füllt es des Gedichtes.
Bedungen hatten ein Talent als Preis die zwei;
jetzt kommt der Biedermann herbei,
zahlt ihm ein Drittel nur und sagt ihm frank und frei,
es würden ihm den Rest Kastor und Pollux zahlen.
"Halt dich nur an die zwei, die hell am Himmel strahlen!

Allein, daß du nicht meinst, ich sei
dir gram – besuche mich zu Tisch. Gut sollst du speisen;
auch die Gesellschaft ist nicht schlecht,
's ist meine Sippe – ist dir's recht,
so wolle mir die Ehr' erweisen."
Simonides sagt zu; vielleicht befürchtet er,
außer dem Geld auch noch die Ehre dranzugeben.
Er kommt; man speist, läßt ihn hoch leben,
und froh und munter geht es her.
Da meldet ihm ein Sklav', es hätten an der Pforte
zwei Männer augenblicks zu sprechen ihn begehrt;

er eilt hinaus, es bleibt am Orte
die Sippe schmausend ungestört.

Das Götterzwillingspaar, das er im Lied gepriesen,
sie sind's und bringen eine Mahnung ihm als Lohn:
Forteilen mög' er schnell aus diesen
unsel'gen Hallen, die mit nahem Einsturz drohn.
Und bald erfüllte sich die Schreckenskunde:
Ein Pfeiler wankt, es stürzt das Dach,
das ungestützte, schlägt zugrunde
das Eß- und Trinkgerät und mit furchtbarem Krach
die Dienerschaft im Festgemach.
Noch mehr. Als Rache für die Götter, die geschmähten,
und den betrogenen Poeten
zerquetscht ein Balken beide Beine dem Athleten.
Verletzt oder verstümmelt gar
kehrt heim der Gäste bunte Schar.
Fama verbreitete die Mär auf ihren Reisen,
die Welt verdoppelt nun, ihm Achtung zu erweisen,
den Sold des Dichters, der der Götter Lieblich war.
Und jedermann aus höheren Kreisen

ließ jetzt durch ihn für Honorar
in Versen seine Ahnen preisen.

Was lehrt die Fabel uns? Zuerst, mein' ich, daß man
das Lob der Himmlischen zu weit nie treiben kann;
ferner, daß mit dem Schmerz und ähnlich ersten Sachen
Melpomene versteht manch gut Geschäft zu machen;
endlich, daß unsere Kunst man schätze ohne Unterlaß.
Die Großen ehren sich, wenn sie uns Gunst erweisen;
als Freunde pflegte man zu preisen
die im Olymp und im Parnaß.

Alle Werke unter www.groels.de